ANDREA SCHWARZ

# Den Weg im Herzen tragen

ANDREA SCHWARZ

# Den Weg im Herzen tragen

*Ein Begleitbuch für unterwegs*

HERDER

FREIBURG · BASEL · WIEN

☛ **wallen**
„gehen, pilgern",
ursprünglich: (umher)schweifen,
unstet sein

☛ **Wallfahrt**
aus religiösen Motiven unternommene
Reise (zu einer heiligen Stätte)

*aus: Duden – Das Herkunftswörterbuch*

# *Inhalt*

**zugvogel**

du
hast
den ruf
gehört

die sehnsucht
treibt dich
geheimnisvolle
bestimmung

und du
fliegst
der heimat
entgegen

flügelschlag
um flügelschlag
deiner bestimmung
folgend

sich hineingeben
in das nichts
das alles ist
und sich finden
in der verlorenheit
die den weg
zeigt

# *Sehnsucht*

Das unruhige Herz ist die Wurzel der Pilgerschaft. Im Menschen lebt eine Sehnsucht.
*Augustinus*

am beginn
eine sehnsucht
eine unruhe
ein umgetrieben sein

spüren das
kann doch nicht
alles gewesen sein

und dann ein erstes aufbrechen
in mir
ein suchen und tasten

und dann vielleicht
ein buch ein film
ein erzählen und hören

ein weg
ein ort
warum eigentlich nicht

und eine idee
eine sehnsucht
wird

## Es gibt nichts zu verlieren

Kann man eigentlich genau sagen, wann und wie sich eine Idee in einem einnistet? Plötzlich ist sie da. Und kehrt hartnäckig immer wieder. Und ganz allmählich wird aus einem „Ich doch nicht!“ ein „Warum eigentlich nicht?“.

Natürlich ist es verrückt. Wer wallfahrtet heute noch? Aber – warum eigentlich nicht? Warum nicht einen Tag drangeben, vielleicht fünf Tage, vielleicht sechs Wochen? Warum nicht Maria Martenthal, Walldürn, Santiago de Compostela?

Und „es“ geht nicht mehr weg …

Zu verlieren gibt es eigentlich nichts. Aber möglicherweise unendlich viel zu gewinnen …

## Aufbruch des Herzens

Wichtiges von Unwichtigem
unterscheiden
den Sperrmüll wertschätzen
so wie die Altkleidersammlung
und die Papiertonne voll machen

den Abschied in Kauf nehmen
um neu anfangen zu können
sich trennen
um sich neu zu finden

sich konzentrieren auf das Wichtige
in Erinnerungen schwelgen
und doch
den Englisch-Kurs belegen

zum Aufbruch bereit
auch wenn er
vielleicht nur
im Herzen stattfindet

## Maria
## Schwester im Glauben

von Gott berührt
hast du dich
auf den Weg gemacht
du hast dich
aufgemacht
um Gott
zur Welt
zu bringen

Maria
Schwester im Glauben

ich will mich
aufmachen
mich auf den Weg machen
weil ich mich und meine Welt
zu Gott bringen will

weil ich das suche
was du gefunden hast

**Du Gott des Weges**
**segne uns**

sei du der Traum
der Sehnsucht zeugt
sei du die Kraft
die die Entscheidung trifft
sei du das Vertrauen
das sich stellt

segne den Aufbruch

behüte was ich zurücklasse
schütze das Neue was ich wage
begleite mich beim ersten Schritt

segne den Weg

gib meinen Füßen Halt
sei mir Grund
stärke Geist und Leib

segne das Ankommen

sei du mein Ziel
richte meine Schritte auf dich hin aus
schenk mir den Mut zur Heimkehr in
dir

Du Gott des Weges
segne uns

umgib uns mit deinem Segen
damit wir uns auf den Weg machen
auf den Weg
zu dir und den Menschen

# *Aufbruch*

Es ist gerade die versprochene Heimat,
die heimatlos macht.
*Dorothee Sölle*

## Sich vorbereiten oder: Die erste Lektion des Weges

Ein bisschen ratlos sitze ich in meinem Wohnzimmer – um mich herum T-Shirts, das kleine Stundenbuch, Fotoapparat, Wanderführer, Sonnencremetuben und anderes mehr. Gerade habe ich den Rucksack wieder ausgepackt – 15 Kilogramm, das ist eindeutig zu viel, damit komme ich nie zu Fuß nach Santiago de Compostela. Und dabei hatte ich doch schon bei der Erstellung der Packliste versucht, mich auf das Notwendigste zu beschränken. Es hilft alles nichts, ich muss diesen Stapel irgendwie um ein Drittel reduzieren. Grübelnd schaue ich mir das Durcheinander in meinem Wohnzimmer an. Was brauche ich für sechs Wochen Wanderung?

Plötzlich geht mir ein Licht auf. Bei der Erstellung der Packliste habe ich mich von der Frage leiten lassen: Was könnte ich möglicherweise brauchen?

Ich habe mir alle möglichen Situationen vorgestellt, in die ich kommen könnte, und wollte mich entsprechend absichern. Und so tauchte plötzlich die Salbe gegen Zerrungen auf der Liste auf und das Blasenpflaster und das vierte T-Shirt und und und… – es könnte ja sein, dass …

Die richtige Frage aber müsste vielmehr heißen: Was brauche ich jetzt wirklich? Und will ich wirklich eine Elastikbinde quer durch Spanien tragen nur für den Fall des Falles? Mit dieser neuen Frage lässt sich der Stapel plötzlich noch mal ganz gut sortieren – und als die Waage dann elf Kilogramm anzeigt, bin ich zwar noch nicht ganz zufrieden, aber kann es mir zumindest vorstellen, mich damit auf den Weg zu machen.

Aber ich bin ein bisschen nachdenklich geworden: Könnte es sein, dass ich auch in meinem Alltagsleben manchmal zu viel Gepäck mitschleppe, weil ich meine, mich für alle Eventualitäten absichern zu müssen? Könnte es sein, dass das, was mich absichern soll, mich zugleich in meiner Bewegungsfähigkeit einschränkt?

Die Frage: „Was brauche ich jetzt wirklich?“ könnte mir vielleicht auch in meinem Leben helfen, die Dinge neu zu sortieren.

Der Weg hat mir seine erste Lektion schon erteilt, noch bevor ich aufgebrochen bin.

**Losgehen**

Und dann bist du plötzlich auf dem Weg, den Rucksack auf dem Rücken, den Koffer in der Hand. Du gibst die Bequemlichkeit, die Sicherheit des Alltags auf – und gehst los.

Du bist bereit, in eine andere Welt zu gehen – und fragst dich doch:
Was mach ich eigentlich hier?
Und gehst los – und traust dem Traum.

**misty cliffs**

es gibt
eine welt
hinter der welt

du musst nur
durch
die nebel hindurch

die zweifel
die angst
das festhalten

dein fragen
dein sorgen
deine wichtigkeiten

der weg
in die andere welt
geht immer durch die nebel hindurch

und erst dann
wirst du erkennen
was wirklich zählt

übrigens:

das passwort
für den fährmann
heißt

liebe

# *Unterwegs*

Selig die Menschen,
deren Stärke in dir gründet,
die Pilgerwege in ihrem Herzen haben.
Ziehen sie durch das Tal der Dürre,
machen sie es zu einem Quellgrund,
ja, mit Segen bedeckt es der Frühregen.
Sie gehen von Kraft zu Kraft,
bis sie erscheinen vor Gott in Zion.

Psalm 84
*in einer Übersetzung von Erich Zenger*

## Herz des Wandrers

Nur streunen
durch festgebaute Häuser
bleib Gast in den Unterkünften
die das Leben anbietet.

Behalt das Herz des Wandrers
Schütz deine Sehnsucht.

Hüllen

wieviel sind nötig zum Überleben
und
überlebt deine Freiheit mit ihnen…

Lass selbst Schönheit
wenn sie dich festhält.

Schlaf nicht zu lang
in gesicherten Wänden

Haus
hab
als Zelt.

Behalt das Herz des Wandrers

niste nur ein als
Zugvogel
sehnsüchtig nach anderem Land.

*Gisela Dreher-Richels*

## Selig die unterwegs sind

sie haben sich arm gemacht
haben losgelassen
um das Entscheidende zu finden

sie haben sich auf den Weg gemacht
leben die Sehnsucht
um sich stillen zu lassen

sie haben sich berührbar gemacht
lassen die Tränen zu
um neu lebendig zu werden

sie haben sich zum Gespött gemacht
lassen ihr Anders-Sein zu
um ihren eigenen Weg zu gehen

mit
Gott

selig
die unterwegs sind

## Weggefährten

Es ist seltsam mit dem Unterwegs-Sein: Man geht alleine los – und trifft Menschen, die den gleichen Weg gehen. Und man geht mit anderen zusammen los – und geht doch ganz allein.

Manchmal hungert man nach einem aufmunternden Wort, nach einem interessierten „woher, wohin?“ – und dann wieder ist einem jede Bemerkung zu viel.

Manche trifft man immer wieder, andere bleiben zurück oder sind voraus.

Das Ziel verbindet – und nimmt doch die Unterschiede nicht weg. Jede Stunde dauert sechzig Minuten – und doch ist keine gleich.

## Und ich lerne

Und ich lerne
dankbar zu sein

für einen ermutigenden Blick
ein gutes Wort

für das Mitgehen
einige Kilometer weit

für die Gemeinschaft am Abend
das miteinander kochen

das Glas
Rotwein

weil wir
das gleiche Ziel haben

miteinander
unterwegs sind

und ich lerne
neu dankbar zu sein

für das gehen-lassen
am nächsten Morgen

dafür
dass du

mich nicht
festhältst

# *Anstrengung*

Es gibt einen Weg,
den keiner geht,
wenn du ihn nicht gehst.
*Werner Sprenger*

## Geschenke des Wegs

Verdutzt stehe ich vor dem Maschendrahtzaun, der plötzlich quer über den kleinen Wanderpfad läuft und mir den Weg versperrt. Was soll das denn? Ich mache ein paar Schritte nach links, ein paar Schritte nach rechts – aber der Zaun ist offensichtlich neu und vollkommen intakt. Und selbst wenn ich irgendwie über den Zaun kommen würde, wüsste ich nicht, ob ich mich dann durch die Großbaustelle kämpfen könnte, die vor mir liegt. Ich stehe vor der Baustelle der neuen nordspanischen Autobahn. Ich fluche ein bisschen vor mich hin – ich scheine mich eindeutig verlaufen zu haben – und das gerade an dem Morgen, wo mir das Gehen so schwer fällt.

Im Moment geht aber auch alles schief. Gestern Abend war die Pilgerherberge in Sahagún wegen der Fiesta geschlossen, ich verstand nicht genug Spanisch, um den Zettel an der Refugiotür

verstehen zu können, Hotelbetten waren auch keine mehr frei, und so bin ich in meinem Ärger noch bis zur nächsten Herberge gelaufen. Für gestern Abend hatte ich mit der Freundin den Telefonanruf vereinbart, in dem wir endgültig klären wollten, wo wir uns treffen werden, um dann gemeinsam das letzte Stück nach Santiago zu gehen. Nachdem ich in dem kleinen Ort endlich das öffentliche Telefon entdeckt hatte, funktionierte es natürlich nicht – und das nächste Telefon war fünf Kilometer entfernt.
Und jetzt hab ich mich auch noch verlaufen! Das ist genau wie zu Hause, denk ich mir noch – da gehen auch immer gleich drei Sachen hintereinander schief. Aber es hilft alles nichts, ich muss wieder zurück.

Ich hatte in Calzada del Coto übernachtet. Von dort aus kann man entweder auf dem alten Pilgerweg Richtung Westen gehen – oder man wechselt auf die neu angelegte Pilgertrasse. Parallel zum alten Pilgerweg wurde eine regelrechte Sonntagsspaziergehstrecke angelegt, alle zehn Meter von einer jungen Platane verschönt, die wegen des Wassermangels ums Überleben kämpft, jeden Kilometer gibt es eine Bank. Diese Pilgertrasse hatte ich vermeiden wollen und war auf den alten Weg ausgewichen. Aber da die Spanier wohl ein bisschen stolz auf dieses Projekt sind, ist natürlich der neue Weg markiert. Und an irgendeiner Weggabelung muss es mich dann wohl erwischt haben, so dass ich schließlich an diesem Autobahnneubau gelandet bin.

Es hilft alles nichts, ich muss zwei Kilometer zurück, dort habe ich eine Brücke über die Autobahn gesehen – und dann werde ich halt doch notgedrungen auf die neue Pilgertrasse wechseln. Für weitere Experimente habe ich heute Morgen keine Kraft mehr. Und als ich nach anderthalb Stunden mühsamen Gehens gerade

wieder einen Kilometer von dem Refugio entfernt bin, wo ich die letzte Nacht geschlafen habe, ist meine Stimmung ziemlich auf dem Nullpunkt. Ich habe keine Kraft mehr, weder körperlich noch mental.

An der ersten Bank entlang der Pilgertrasse mache ich eine Zigarettenpause und frage mich leicht verzweifelt, wie um alles in der Welt ich in dem Zustand die 13 Kilometer schaffen soll, die vor mir liegen. In dem Moment kommt ein junger Mann den Pilgerweg entlang, bittet mich um eine Zigarette und setzt sich zu mir. Und wir beide kommen in ein nettes Gespräch, entdecken Gemeinsamkeiten, fangen an, miteinander über das Leben und die Lebendigkeit nachzudenken – und schließlich die behutsame Frage: Gehen wir ein Stück zusammen?

Klaus ist meine Rettung an diesem Tag – und unsere Gespräche sind wohl für Klaus die Rettung, der sich aus einer ziemlich ungeklärten Situation daheim in eine aktive Denkpause auf dem camino zurückgezogen hat. Wir tun uns beide gerade gegenseitig gut, wir werden uns wichtig, in den Gesprächen und den Gesten öffnet sich je noch Verschlossenes – und wir bleiben drei Tage miteinander auf dem Weg. Und ich bin mir sicher, ohne diese Begegnung wäre mein und sein weiterer Weg nach Santiago anders verlaufen.

Als wir uns dort später wieder treffen, staunen wir immer noch, wie sich diese Begegnung gefügt hat, zu seinem und meinem Besten.

Einig sind wir uns darüber, dass die „software" des lieben Gottes eindeutig die bessere ist. Planen können wir solch eine Begegnung nicht. Die ist Geschenk. Und ob wir uns begegnet wären, wenn nicht dieser Maschendrahtzaun gewesen wäre, weiß ich auch nicht. Es mag sich ein bisschen simpel anhören, aber nach meinen Erfahrungen in diesen Tagen auf dem Weg nach Santiago werde ich zunehmend sicherer: Manchmal benutzt Gott sogar Maschendrahtzäune, um uns gut zu tun.

**es geht nicht mehr**

die füße
schmerzen

der rucksack
wird immer schwerer

der baum am horizont
kommt nicht näher

der weg
scheint unendlich

man kann nicht mehr
man will nicht mehr

schritt für schritt
mühsam kraftzehrend

manchmal muss man sich
dem ziel regelrecht

entgegen
trotzen

## Unerwartete Führung

Müde, durchnässt, lustlos erreichen wir die ersten Häuser des kleinen Dorfes, das am Pilgerweg liegt. Zehn Kilometer liegen heute noch vor uns – und eigentlich haben wir jetzt schon mehr als genug.

Im strömenden Regen ziehen wir die Straße entlang, wir sprechen kein Wort mehr, ducken uns vor den Windböen, sind durchgefroren – irgendwie, Nordspanien im Juni hatte ich mir auch anders vorgestellt.

Plötzlich zupft mich Christiane am Ärmel und deutet auf ein Schild. Ein großer gelber Pfeil zeigt nach links und darunter steht in ungelenken Buchstaben das Wort „Bar", in dieser Gegend durchaus nichts Anrüchiges, sondern ein Ort, an dem man was zu trinken und zu essen bekommt. Wir schauen uns kurz an und nicken. Es kann nur besser werden.

50 Meter abseits vom Pilgerweg steht ein aufgeklappter Sonnenschirm etwas deplatziert am Rande der Straße und fröhliche Stimmen ertönen. Jetzt werden wir wirklich neugierig. Beim Näherkommen sehen wir, dass ein findiger Bewohner kurzerhand seine Garage zur „Straußenwirtschaft“ umfunktioniert hatte. Dort stehen Biertischgarnituren, daran circa zehn Pilger, einen Kaffee oder Tee oder auch ein Bier vor sich, ein belegtes Brot in der Hand. Die Regenjacken dampfen an einem Kleiderhaken vor sich hin, die Rucksäcke stehen in der Ecke, die Gespräche sind lebhaft. Dankbar nehmen wir die Rucksäcke ab und freuen uns an der unverhofften, etwas improvisierten Bar, die in keinem Reiseführer stand.

Und als wir dem Huhn zusehen, das sich wagemutig durch alle Pilgerbeine hindurchschlängelt, um ein paar Brotkrumen zu finden, sehen wir uns nur an und lächeln.

Und die zehn Kilometer haben wir dann auch noch geschafft.
Manchmal lohnt es sich durchaus, auch den nicht-offiziellen Wegweisern zu vertrauen.

## bewegt um zu bewegen

nicht mehr zuschauer sein
zupacken hand anlegen
den stein ins rollen bringen
bewegen wollen
machen tun

aber wenn ich bewegen will
muss ich bewegt sein
mich in das geheimnis geben
mutig sein
und mich verwandeln lassen

und den harten steinen trotzen
und dem langen atem trauen
und noch träumen können
und sehnsüchtig sein
und lieben lieben lieben

verletzbar und
verwundbar bleiben
leicht und fragil
und doch entschieden
frei

bewegt um zu bewegen
den stein aufweichen
und sei es mit tränen
zart bleiben
und sei es im Zorn

aber
die Dinge von innen bewegen

# *Ankunft*

Es gibt ein Ziel,
aber keinen Weg;
was wir Weg nennen,
ist Zögern.
*Franz Kafka*

**ankommen**

das ziel
in erreichbarer nähe

werde ich zunehmend
langsamer

und schneller
zugleich

irgendwie will ich nicht
und will doch

was
wenn das ziel

ganz anders ist
als meine träume

was
wenn das ziel enttäuscht

was
wenn mein ankommen

gar kein
ankommen ist

aber ich kann nicht nur
unterwegs sein

ich freue mich
auf eine badewanne

ein weißes sweat-shirt
auf drei tage an einem ort

auf ein bisschen
geborgenheit

nach all dem
ungeborgensein

und so sitze ich
der kathedrale gegenüber

und versuche
meine seele ankommen zu lassen

gar nicht
so einfach

wenn man
ein ziel erreicht hat

man ist
nicht mehr

unterwegs

**gewisse hoffnung**

einmal
wird all das
von mir abfallen
was mich bindet
fesselt
was mir
die wahrheit
verhüllt

einmal
werde ich
verstanden werden
und
verstehen

## Am Ziel

Als wir schließlich vor der Kathedrale stehen, verstummen wir beide. Wir gehen auf die andere Seite des Platzes hinüber, setzen die Rucksäcke ab, lehnen uns an eine der Säulen, rauchen eine Zigarette und schauen einfach nur. In mir ist ganz, ganz viel – aber mir fehlen die Worte dafür.

Dann gehen wir in die Kathedrale hinein – das Kirchenschiff wirkt bergend, umhüllend, mystisch auf mich – aber auch ein wenig fremd. Ich bin fast wie in Trance. Irgendwie bekomme ich gar nicht so richtig mit, was da eigentlich geschieht. Ich stelle mich in die Reihe derer, die ihre Hand in die Einkerbungen der Säule des Portals legen wollen – finde mühelos die Stelle für die Finger, die unzählig viele Pilger vor mir in den Stein gegriffen haben – fast ist mir, als schmiegt sich der Stein mir entgegen, und ich gehe schließlich zwei Schritte ins Kirchenschiff hinein.

Erst in der Pilgermesse hat es mich richtig gepackt … es war beeindruckend, die wunderschöne, dunkle Kirche, der erleuchtete Altarraum, die Menschen, die an der Jakobusfigur vorbeizogen und den Apostel umarmten, das Spiel der Orgel…

Als sie dann das große Rauchfass hochzogen und 25 Meter quer durch die Kirche schwenkten, da war es endgültig um mich geschehen. Ich konnte nicht mehr sitzen bleiben, ich musste aufstehen – und mir kamen die Tränen. In dem Moment ließ endlich die Spannung etwas nach …

Diese Momente vor und in der Kathedrale verlangen jetzt ihr handfestes Gegengewicht – und so machen wir uns auf die Suche nach dem Pilgerbüro, um nun auch ganz amtlich unsere Wallfahrt bestätigen zu lassen. Ob ich es dann glauben werde, wenn ich es schwarz auf weiß besitze? Immerhin – den Versuch ist es wert.

Und dann Tourist-Information, Hotel suchen, duschen, weißes Sweat-Shirt …

So allmählich komme ich hier in Santiago an. Ich fühle mich frei genug, hier kein Besichtigungsprogramm absolvieren zu müssen. Vorrangig ist im Moment, dass ich wieder Boden unter die Füße bekomme, ankomme, Fuß fasse, den Tritt finde. Und so kann ich auch jetzt gut zwei Stunden hier in der Bar sitzen und Tagebuch schreiben und dann Mittagsschlaf machen. Ich verpasse nichts, ich muss nichts tun – ich kann und darf lassen …

Es ist gar nicht so einfach anzukommen …

# *Zurück*

*Ich nehme meine Sehnsucht in meinen Alltag mit hinein – und ich weiß, dass sie trägt.*

## Zurück in den Alltag

Ein Freund holte mich am Bahnhof ab – und ich erschrak über das halsbrecherische Tempo, mit dem er durch die Stadt fuhr. Aber – es waren gerade mal 45 Stundenkilometer, als ich auf den Tacho schaute.

Kann es sein, dass wir viel zu schnell leben, uns viel zu schnell vorwärts bewegen wollen? Und dabei das Wesentliche und Eigentliche übersehen?

Wallfahren, dass bedeutet auch: Tempo herausnehmen, sich auf das konzentrieren, was wichtig ist – und je intensiver man auf dem Weg war, umso schwerer wird die Heimkehr.

Wenn man wirklich mit dem Herzen auf dem Weg war, nicht nur mit dem Leib, sondern auch mit der Seele gepilgert ist, dann ist das wahrscheinlich der schwerste Wegabschnitt: Zurück in den Alltag.

Man muss erkennen: Am mühsam erreichten Ziel kann ich nicht bleiben. Natürlich, man schlendert noch ein wenig umher, kauft das eine oder andere als Erinnerung ein – und doch muss man sich auch schon Gedanken um die Rückfahrt, die Rückkehr machen.

Der Weg und die Erfahrungen, die ich gemacht habe, haben mich verändert – und ich komme zurück in eine Welt, die so ist, wie sie war, als ich aufgebrochen bin. Ich komme zurück zu Freunden, zu einer Familie, denen ich nur einen Bruchteil dessen erzählen kann, was ich erlebt und erfahren habe – weil vieles einfach gar nicht erzählbar ist.

Wenn das, was ich erlebt habe, von Dauer sein soll, Konsequenzen für meinen Alltag haben soll, dann muss ich mir bewusst sein, dass mit meiner Heimkehr meine neue Welt auf meine alte Welt trifft. In mir hat sich etwas geändert – und ich treffe doch auf die gleichen „Umstände“: Der Pfarrer ist immer noch so wie er war, meine Arbeitsbeschreibung ist noch die gleiche, und die Papierberge in meinem Büro hat auch keiner weggearbeitet.

Eine Wallfahrt, die an meinem Alltag nichts ändert, ist eigentlich keine Wallfahrt, sondern eher ein touristisches Unternehmen – genau wie ein Gebet, das mich nicht ins Handeln bringt, eigentlich kein Gebet ist.

Aber die Tatsache allein, dass ich gepilgert bin, ändert erstmal überhaupt nichts an dem, wie ich in meinem Alltag lebe, ihn gestalte. Niemand wird so nett sein und mein Leben für mich entsprechend ändern.

Das ist mein Part. Und die Aufgabe steht jetzt an. Und es mag sein, dass dies die viel entscheidendere Herausforderung ist als die 800 Höhenmeter auf der 25-Kilometer-Etappe.

Natürlich – man kann alles so lassen, wie es ist. Aber warum sind Sie dann eigentlich losgegangen?

Ich wünsche Ihnen viel Sehnsucht im Herzen und Mut zum Aufbruch!

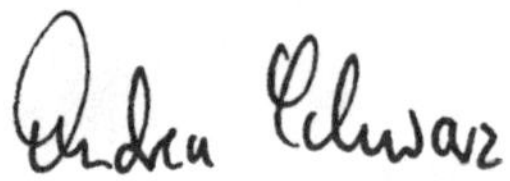

P.S. Wallfahren kann man übrigens auch, wenn man nicht laufen kann! Es geht um einen Aufbruch des Herzens…

## Der uns behütet schläft nicht

getrost
und getröstet
können wir gehen
wir sind nicht allein
getrost
und getröstet
können wir das Leben wagen
da ist einer
der mit uns ist
getrost
und getröstet
können wir uns
auf den Weg machen
da ist einer
der für uns ist

da ist einer
der uns beschützt
der seine bergende Hand
über uns hält
über dich und mich
und uns und diese Stadt
unser Land und unsere Welt

der uns behütet
schläft nicht
er nimmt uns in seine Obhut
in ihm
können wir getrost sein

er
der uns Vater und Mutter ist
Frieden und Gerechtigkeit
Hoffnung und Grund
der uns kennt und liebt
und will und mag

der
schläft nicht

der
schaut nach uns
der
gibt auf uns acht
der
geht uns nach
der
lässt uns nicht los

der uns behütet
schläft nicht

deshalb
vertrau ich mich
ihm an
deshalb
verlass ich mich
auf ihn

der uns behütet
schläft nicht

der uns behütet
will unsere Lebendigkeit
der uns behütet
will unsere Freiheit
der uns behütet
will unser Wachsen

der uns behütet
schläft nicht
aber er macht es uns
nicht nur nett

der will was
für uns
der will was
von uns

der uns behütet
der fordert uns
der uns behütet
will mich

der will was
von mir
und der will was
von dir

er ist Wort
und will Antwort

weil er
mich hält und trägt
weil er mit mir ist
bin ich getragen
und getröstet
und kann ich
Antwort geben

kann tragen
und trösten

und kann gehen
in seinem Namen
getragen und getröstet
und tragen
und trösten

behütet von dem
der für das Leben ist
kann ich gehen
für das Leben

behütet und getröstet
von dem
der das Leben will
lasst uns aufbrechen und gehen
dem Leben entgegen

# *Wallfahrtsgebete*

Dich wählte der Weg
– und du sollst danken.
*Dag Hammarskjöld*

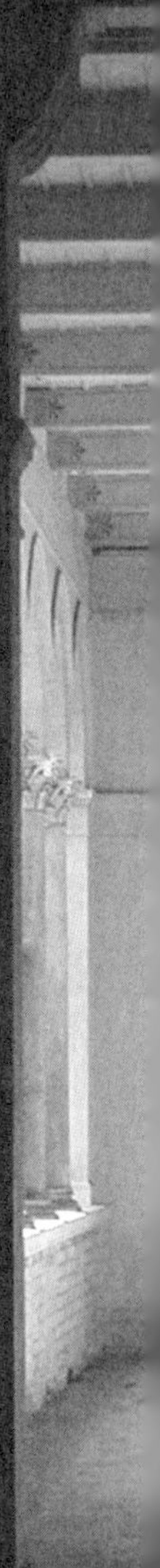

## Pilgersegen

Gott, du hast deinen Knecht Abraham auf allen Wegen unversehrt behütet. Du hast die Söhne Israels auf trockenem Pfad mitten durch das Meer geführt. Durch den Stern hast du den Weisen aus dem Morgenland den Weg zu Christus gezeigt.

Geleite auch uns auf unserer Wallfahrt (Pilgerfahrt) zum Heiligtum N. Lass uns deine Gegenwart erfahren, mehre unseren Glauben, stärke unsere Hoffnung und erneuere unsere Liebe. Schütze uns vor allen Gefahren und bewahre uns vor jedem Unfall. Führe uns glücklich ans Ziel unserer Fahrt und lass uns wieder unversehrt nach Hause zurückkehren. Gewähre uns schließlich, dass wir sicher das Ziel unserer irdischen Pilgerfahrt erreichen und das ewige Heil erlangen. Darum bitten wir durch Christus, unseren Herrn. Amen.

*Benediktionale*

## Pilgergebet

O Gott, der du Abraham aus seinem Land hast aufbrechen lassen und ihn sicher und heil auf seiner Wanderung bewahrt hast, gewähre uns, deinen Kindern, den gleichen Schutz.

Stärke uns in den Gefahren, erleichtere unsere Wege.
Sei uns Schatten gegen die Sonne,
Mantel gegen Regen und Kälte.
Trage uns, wenn wir müde sind, und verteidige uns gegen alle Gefahr.
Sei du der Stab, der den Sturz hindert, und der Hafen, der die Schiffbrüchigen aufnimmt:

Damit wir, durch dich geführt, sicher unser Ziel erreichen und wohlbehalten in unsere Heimat zurückkehren.

*Gebet des Jakobuspilgers*
*Abtei Sainte-Foy, Conques*

**Quellenverzeichnis**

Das vorliegende Buch geht zurück auf eine Anregung der Zeitschrift „KA + das zeichen“ der Pallottiner, Limburg.

Die Übersetzung von Psalm 84,6–8 (S. 34) ist entnommen aus: Erich Zenger, *Psalmen. Auslegungen 1–4. Bd. 3: Dein Angesicht suche ich.* © Verlag Herder Freiburg im Breisgau 2003.

Der Text „Herz des Wandrers“ von Gisela Dreher-Richels ist entnommen aus: Gisela Dreher-Richels, *Spur im Sand – Texte für unterWegs.* © Verlag aktuelle Texte, D-88499 Heiligkreuztal, 4. durchgesehene und erweiterte Auflage 1996.

Der Text „Pilgersegen“ (S. 90) ist entnommen aus:
*Benediktionale.* Studienausgabe für die kath. Bistümer des deutschen Sprachgebietes. Erarbeitet von der internationalen Arbeitsgemeinschaft der liturgischen Kommissionen im deutschen Sprachgebiet. Hg. von den Liturgischen Instituten Salzburg, Trier und Zürich, Freiburg – Basel – Wien 2004.
Das Deutsche Liturgische Institut erteilte für den aus dem „Benediktionale“ entnommenen Text die Abdruckerlaubnis.

*Andrea Schwarz*

**Eigentlich ist Maria ganz anders**
144 Seiten, gebunden mit Lesebändchen
ISBN 978-3-451-31014-0
An der Mutter Gottes scheiden sich die Geister. Den einen ist sie fremd. Den anderen ist sie inniglich vertraut. Andrea Schwarz zeigt, was wir von Maria lernen können, von ihr als Frau, von ihr als Mensch, die sich Gott bedingungslos gegeben hat.

**Bleib dem Leben auf der Spur**
*Unterwegs nach Afrika*
210 Seiten, gebunden mit Lesebändchen
ISBN 978-3-451-32326-3
Andrea Schwarz bringt fünf Jahrzehnte ihres Lebens so zur Sprache, dass Menschen Mut gewinnen, das eigene Leben wieder in die Hand zu nehmen. Ein erfrischendes und ungewöhnliches Buch, voll Liebe zum Leben.

**Unterwegs mit einem Engel**
*Mit dem Buch Tobit durch die Fastenzeit bis Ostern*
160 Seiten, Taschenbuch
ISBN 978-3-451-06768-6
Tag für Tag führt dieser Fastenbegleiter durch die wundersame Geschichte des Buches Tobit. Aus der jahrhundertealten Geschichte von der Wegbegleitung des jungen Tobias durch einen Engel gewinnt Andrea Schwarz überraschend aktuelle Impulse für ein geistliches Leben heute.

MIX
Papier aus verantwortungsvollen Quellen
www.fsc.org FSC® C083411

Neuausgabe 2016


www.herder.de

Umschlaggestaltung: wunderlichundweigand,
Stefan Weigand
Umschlagmotiv: © istockphoto

Bilder im Innenteil:
S. 2: © AlinaMD/Shutterstock.com;
S. 20: © Stanisic Vladimir/Shutterstock.com;
S. 42: © Blazej Lyak/Shutterstock.com;
S. 52: © holbox/Shutterstock.com;
S. 57: © Tobias Klein/Shutterstock.com;
S. 59: © Piti Tan/Shutterstock.com;
S. 64: © Voyagerix/Shutterstock.com;
S. 76: © Eugenio Marongiu/Shutterstock.com,
S. 82: © Michael Kaminski
Alle anderen Abbildungen im Innenteil: © photocase.de

Satz: Rainer Moers Druckvorlagen, Mönchengladbach
Herstellung: CPI books GmbH, Leck
Printed in Germany
ISBN 978-3-451-30509-2